GEORG QUEDENS/ELLERT & RICHTER VERLAG

WATTENMEER

LANDSCHAFT IM LICHT

INHALT

GEORG QUEDENS
LANDSCHAFT
UNTER HOHEM HIMMEL

Hohe Himmel vermitteln eine Fülle von Licht. Und über keiner anderen Landschaft ist der Himmel so hoch und das Licht so vielfältig wie über dem Wattenmeer.
In unübersehbaren Weiten breitet sich vor den Deichen der Nordseeküste und rund um Inseln und Halligen das Watt – bei Flut als Meer mit der Nordsee vereint, bei Ebbe eine Fläche von graublauem Schlick und gelbem Sand. Bei klarer Sicht stoßen Watt und Himmel, Landschaft und Luft am geraden Strich des Horizontes zusammen, bei diesigem Wetter aber fließen beide mit sanftem Übergang ineinander. Nur Vögel, einsame Seezeichen und ferne Schiffe und Inseln heben sich in der Ebene hervor und setzen Maßstäbe von Weiten und Höhen, von Nähe und Entfernung.
Von Deich und Strand aus betrachtet, erscheint das Watt – vom Vogelleben abgesehen – wie eine Wüste ohne Leben. Aber es gibt kaum eine andere Landschaft auf der Erde mit ähnlicher Lebensdichte und -erzeugung wie das Wattenmeer. Und auch Öde und Ebene sind nur scheinbarer Natur. Überall nämlich hat sich die Bewegung der Gezeiten, von Ebbe und Flut, in den Boden eingeprägt. Auf festem Sandwatt sind es dicht an dicht die Rippelmarken als erstarrte Wellenbewegung der letzten Flut. Andernorts bedeckt ein verwirrendes Muster von Strömungsrippeln den Grund. Und von den hohen Sänden herab zu den Senken und Prielen sind eigenartige Fließstrukturen in den Boden eingeformt.
Aus der Höhe eines Möwenfluges gesehen, bietet sich in Sand und Schlick ein Bild von zahllosen silbernen Schlangenbändern im Gegenlicht – die Priele und Wattenströme, von denen die ganze Landschaft zergliedert wird. Priele bilden sich auf den hohen Watten mit einem Geäst winziger Wasserrinnsale, die sich zu einem kleinen Bach vereinen. Auf ihrem Weg durch das Watt fließen von allen Seiten weitere Bäche zu, und schließlich entsteht ein Priel, der sich breiter und tiefer werdend durch die Ebene schlängelt, bis er auf einen noch größeren Wattenstrom trifft und in diesem verschwindet. Die großen Ströme haben bis zu 30 Meter tiefe Betten, breiten sich über halbe, ja zuletzt über ganze Kilometer aus und ziehen über viele Meilen zum Meer, zur freien Nordsee. Sie führen die Wassermassen der Ebbe hinaus und bringen die Flut zurück.

Atem des Meeres

Ebbe und Flut sind das Atmen des Wattenmeeres. Es lebt – im Gegensatz zu stehenden Gewässern, den „müden" Meeren, wie etwa der Ostsee – von dieser Naturerscheinung. Immer sind das Wasser und das Bild der Landschaft in Bewegung. Wenn die Flut kommt, neigen sich die grünen und roten Seezeichen im Fahrwasser zum Lande. Die silbernen Bänder der Priele breiten sich aus, und schließlich vereint sich das Wasser um die hohen Sände und Platen im Watt, bis diese zuletzt in der Flut versinken. Dann eilt das Wasser über die Ebenen des Sandes und des Schlicks in breiter Front gegen die Küste, allerlei aufgeregtes Vogelvolk und Kleingetier im Wasser vor sich hertreibend. Die Flut stößt auf das Land, steigt an den Ufern, Deichen und Dalben auf, steht eine Weile still und beginnt dann wieder zu fallen. Stunden später tauchen feuchte, flüsternde Wattenflächen auf und beleben sich erneut mit nahrungssuchenden Enten, Strandläufern und Möwen.
Ebbe und Flut werden bewegt durch die Anziehungskraft des Mondes und durch Fliehkräfte auf der mondabgewandten Seite der Erde. Genaugenommen entwickeln sich durch diese beiden Kräfte auf den Weltmeeren ständig zwei Wellenberge entsprechend der Flut und zwei Wellentäler entsprechend der Ebbe. Die Erde dreht sich unter den Wellen und Tälern, so daß jeder Punkt beweglicher Weltmeere – also nicht nur das Wattenmeer – zweimal im Laufe von knapp 25 Stunden Flut- und Ebbezeiten erlebt. Entsprechend dem längeren Mond-Tag und dem sich täglich verspätenden Erdumlauf treten Ebbe und Flut Tag um Tag um etwa 50 Minuten später ein. Es wirken aber noch zahlreiche weitere Faktoren, Erdrotation, Strömungsverhältnisse, Reflexionen und andere Erscheinungen auf die Gezeiten ein. Die Flut läuft reichlich sechs Stunden auf, bis zum „Hochwasser",

Abend im Halligmeer. Die Warften, Hügel, auf denen sich die Häuser schutzsuchend zusammendrängen, schwimmen scheinbar wie Schiffe auf dem Meer. Das Halligland ist so niedrig, daß es aus der Ferne schon im Strich des Horizonts verschwindet. Eine mäßige Sturmflut genügt für die Überflutung der Halligen, von denen dann „Land unter" gemeldet wird.

und fällt nach einem Stillstand von nur wenigen Minuten als Ebbe über etwa die gleiche Zeit wieder zurück, bis zum tiefsten Punkt, dem „Niedrigwasser". Der Höhenunterschied zwischen Niedrig- und Hochwasser wird „Tidenhub" genannt. Er beträgt am Sylter Weststrand etwa 1,70 Meter und steigt im Bereich des nordfriesischen Wattenmeeres auf über drei Meter an. Den höchsten Tidenhub verzeichnet die Hafenstadt Husum infolge des Buchtenaufstaus. Vor den Ostfriesischen Inseln liegt der Tidenhub bei 2,70 Meter und steigt im Jadebusen und in der Wesermündung bis auf 3,70 Meter.
In der Nordsee können sich jedoch keine selbständigen Gezeiten entwickeln, weil sie nur etwa 20 Minuten lang unter dem Mond liegt. Ebbe und Flut in der Nordsee werden deshalb vom Atlantik aus gebildet. Um Schottland herum strömt bei Flut die große Silberrinnenwelle an der britischen Ostküste herunter, wird dann durch die West- und Ostfriesischen Inseln vor der holländischen und niedersächsischen Küste sowie durch die Kanalwelle reflektiert und nach Osten gelenkt, und eilt schließlich über Helgoland gegen die schleswig-holsteinische Westküste. Die Kanalwelle spielt an der deutschen Nordseeküste aber keine Rolle mehr. Sie wird schon zwischen Holland und England umgelenkt und strömt wieder zurück. Der Drehpunkt dieser atlantischen Gezeitenwelle liegt etwa 180 Kilometer nördlich von Sylt.
Und die von Küstenbesuchern oft und erstaunt gestellte Frage, wo das Wasser bei Ebbe bleibt, läßt sich vereinfacht so beantworten: Wenn wir an der deutschen Nordseeküste – mit entsprechender Zeitverzögerung zwischen den Ost- und Nordfriesischen Inseln – Ebbezeit haben, ist an der schottischen und englischen Küste Flutzeit.
Alle 14 Tage aber, unmittelbar nach Neumond und Vollmond, kommt zur Anziehungskraft des Mondes noch jene der Sonne hinzu, weil beide von der Erde aus in einer Geraden stehen. Trotz der viel größeren Entfernung ist die Anziehungskraft der Sonne infolge ihrer Masse fast halb so stark wie die des Mondes. An den jeweiligen Tagen dieser Konstellation steigt die Flut auf den Weltmeeren entsprechend höher auf, bei uns im Wattenmeer um etwa einen halben Meter. Diese Erscheinung heißt „Springflut", ein Begriff, der im Binnenland oft mit einer „Sturmflut" gleichgesetzt bzw. verwechselt wird. Es gibt aber nicht nur eine Springflut, sondern auch eine „Springebbe". An den genannten Tagen fällt das Niedrigwasser um einen halben Meter tiefer weg. Der Zeitraum für Ebbe und Flut mit jeweils reichlich sechs Stunden verändert sich aber nicht. Deshalb steigt und fällt das Wasser sehr viel schneller, weil die Gezeiten jetzt einen um einen Meter größeren Tidenhub ausgleichen.
Umgekehrt verringert sich der Tidenhub, wenn die Sonne zwischen den Springfluttagen im rechten Winkel zum Mond steht und dessen Anziehungskraft entgegenwirkt.
Wesentlicher für die Wasserstände im Wattenmeer und an der Küste ist aber noch der Wind. Er treibt je nach Stärke und Richtung die Flut um mehrere Meter über das Mittlere Hochwasser, bei Orkan aus Südwest bis Nordwest je nach Küstenlage bis zu drei, vier Metern.

DEICHBAU SEIT TAUSEND JAHREN

Sturmfluten treten im Laufe eines Jahres nur einige Male auf, Orkanfluten, die schwere Zerstörungen anrichten und neben Trümmern vielleicht auch Tote hinterlassen, nur wenige Male im Jahrhundert. Aber die großen Fluten prägen entscheidend das Landschaftsbild der Nordseeküste. Zu ihrer Abwehr begannen die damaligen Küstenbewohner, vor allem Friesen, schon um anno 900, also vor über tausend Jahren, mit dem Bau von hohen Warften für ihre Häuser und errichteten Deiche, um das niedrige Marschland zu schützen. So entstanden im Gefolge von Sturmfluten, Landverlusten, Landgewinnung und Küstenschutz bis in die Gegenwart hinein einige tausend Kilometer Deich. Und wenn man bedenkt, daß bis zum Aufkommen des Maschinenzeitalters die wesentlichsten Arbeiten mit Hilfe der Schubkarre erfolgten, erkennen wir in Deichen und anderen Schutzmaßnahmen einige der größten Werke der Menschheit.
Aber im Gegensatz zum eigentlichen Gezeitenraum des Wattenmeeres ist der Küstensaum auf dem Festland weithin keine Naturlandschaft, sondern ein Kulturgebilde, von Küstenschutzwerken geprägt. Das gilt auch für die Küsten der Marscheninseln Föhr, Pellworm, Nordstrand und Neuwerk. Und mancherorts greifen vom Fuß der Deiche aus Lahnungsfelder bis 400 Meter hinaus auf das Watt – ein System von Buhnen aus Pfählen und Buschreisern, die Viereck an Viereck die hineingeströmte Flut beruhigen und das Absetzen von Schlickmassen und sonstigen Sedimenten fördern. So erhöht sich über Jahre und Jahrzehnte innerhalb des Lahnungsfeldes das Watt und wächst, von Grüppelarbeiten unterstützt, schließlich als „Neuland" aus dem Meer. Es begrünt sich bald mit den charakteristischen Salzpflanzen und läßt sich so als Schafweide nutzen. Und wenn das Neuland dann in einer größeren Fläche vor dem Deich liegt, wird es in der einsamen Landschaft am Meer eines Tages laut und lebendig. Spülbagger und Planierraupen rücken an und Arbeiterkolonnen quartieren sich ein. Ein Deich wird gebaut und schließt das Neuland sturmflutsicher in einen neuen „Koog" oder „Polder" ein. Ein weiteres Stück jener Fläche, die vor Jahrhunderten durch Sturmfluten verlorenging, ist zurückgewonnen. So änderte sich und ändert sich immer noch der Küstenverlauf vor den Deichen von Holland, Deutschland und Dänemark. Und entsprechend den technischen Hilfsmitteln wuchsen und wachsen die Landgewinnungs- und Eindeichungspläne bis zur Gigantomanie.

Ertrunkenes Land

Im Wechselwirken von Mensch und Natur ist das Wattenmeer eine Landschaft ständigen Wandels. Am Ende der letzten Eiszeit, vor etwa 18 000 Jahren, lag das halbe Nordseebecken trocken, weil ein Teil der irdischen Wassermenge in den Gletschern der Polkappen und Hochgebirge gebunden war. Dann erwärmte sich das Erdklima, und mächtige Schmelzwasser strömten über Jahrtausende in das Weltmeer, das Meter um Meter zu steigen begann – bis zur Gegenwart um 80 bis 100 Meter. Als Folge dieses Vorgangs wurde die Niederung des heutigen Nordseebeckens überflutet, die Wälder ertranken und die dort lebenden Tiere wurden verdrängt. Kurz vor Beginn unserer Zeitrechnung erreichte die Nordsee einen Stand, der wenig unter dem Niveau des gegenwärtigen Meeresspiegels lag. An den Küsten wurden Wälle von Sand aufgeworfen, in deren Schutz sich aus ablagerndem Schlick und sonstigen Sedimenten fruchtbare Marschen bildeten. Später aber verwandelten sich diese durch stauendes Wasser in Moore mit ausgedehnten Bruchwäldern und Schilffeldern.
Zu Beginn der Zeitrechnung, also vor knapp 2 000 Jahren, setzte sich der Anstieg des Meeresspiegels fort. Sturmfluten durchbrachen die Strandwälle, überschwemmten das tiefliegende Land und lagerten erneut große Schlickmassen ab, so daß sich über den Mooren erneut Marschwiesen bildeten. Um diese Zeit waren nur die hohen Geestinseln Sylt, Föhr und Amrum ständig bewohnt.

Was draußen im Watt und Meer an Tieren gestorben ist und an Algen und Seegräsern losgerissen wurde, treibt nach mancherlei Hin und Her schließlich an die Küste und bildet dort den „Flutsaum“. Vor allem sind es die bunten Schalen verschiedener Muschelarten, die ein Mosaik am Strand bilden.

Aber um das Jahr 900 wanderten Friesen aus Gegenden an der Rheinmündung in die fast menschenleere Marschlandschaft ein, bauten Deiche und Entwässerungsgräben und kultivierten das Land.
Die Kultivierung leitete jedoch den Untergang von weiten Teilen dieses Landes ein. Der nacheiszeitliche Anstieg des Meeresspiegels setzte sich nämlich schubweise fort, aber das im Deichschutz liegende Land wurde nicht mehr überflutet und durch Schlickablagerung erhöht. Durch Entwässerung sackte der Untergrund, und schließlich lagen umfangreiche Flächen der Landschaft unter dem Meeresspiegel. Eine zusätzliche Landsenkung erfolgte durch das Freilegen der Torfschicht unter dem Marschenklei. Der salzdurchtränkte Torf wurde getrocknet und verbrannt, und aus der Asche wurde Salz gesiedet. Viele Jahrhunderte lang brannten an der Küste die Feuer der Salzsiedereien. Aber spätestens im 12. und 13. Jahrhundert brachen Sturmfluten in das niedrige Land. Anno 1362 ging Rungholt am Heverstrom unter, und an der südlichen Nordseeküste brachen Jade und Dollart ein. Zehntausende von Menschen ertranken, und über verlorenem Land bildeten sich die heutigen Watten und darauf eine zerrissene Welt von Inseln und Halligen.

INSELN UND HALLIGEN IM WATTENMEER

Gelb leuchten die Dünen der West- und Ostfriesischen Inseln, von Sylt und Amrum, neben den grünen Deichen von Föhr, Pellworm und Nordstrand und den ebenen Marschen der Halligen in der Weite des Wattenmeeres. Die Inselwelt vor den Deichen der deutschen Nordseeküste ist ein Beispiel für das vielseitige Wirken des Meeres bei dem Werden und Wandel zwischen Aufbau und Abbruch.
Die gleichförmige, fast harmonische Reihe der West- und Ostfriesischen Inseln entstand erst nach der Zeitrechnung durch küstenparallele Sandverfrachtung mit Strömung und Wind. Nur einige dieser Inseln, nämlich Texel, Terschelling, Borkum und Langeoog, haben einen Geestuntergrund. Alle anderen sind Düneninseln, vom Meer auf hohen Sänden aufgebaut. Und später haben sich dann im Lee der Dünenwälle, ihrer windabgewandten Seite, durch Schlickablagerungen Marschen und Heller gebildet, die aber nicht so mächtig sind wie die Schichten der Küstenmarsch und der Halligen. Entsprechend ihrem Werdegang wanderten die West- und Ostfriesischen Inseln nach Osten, bis sie in jüngster Zeit durch aufwendige Küstenschutzwerke nahezu festgelegt wurden.
Bei den Nordfriesischen Inseln und Halligen verraten schon die verwirrenden Formen des Landkartenbildes, daß hier verschiedene Kräfte und Vorgänge der Natur wirksam gewesen sind, die auch noch heute fortwirken. Sylt, Föhr und Amrum bestehen in ihren Kernen aus Moränenablagerungen und Schmelzwassersänden der vorletzten und letzten Eiszeit. Erst nach dem Vordringen der Nordsee kam es an und auf diesen Geesthügeln zur Bildung von Dünen und zu umfangreichen Nehrungsausläufern (Hörnum und Listland-Ellenbogen auf Sylt sowie Wittdün und Amrum Odde). Auf Föhr dagegen fehlen Dünen fast ganz, da diese Insel im Wind- und Wellenlee ihrer beiden Geschwister liegt. Dafür hat sich an der Föhrer Geest umfangreiches Marschland abgelagert.

Pellworm und Nordstrand wiederum sind reine Marscheninseln, Reste der großen mittelalterlichen Marschen, die im nacheiszeitlichen Anstieg des Meeres ertranken oder durch Sturmfluten zerstört wurden. Diese beiden Inseln blieben durch unerhörte Anstrengungen des Deichbaus in dramatischen Auseinandersetzungen mit den Naturgewalten bewahrt.
Marschen-Eilande sind auch die Halligen. Aber sie sind nur teilweise Reste früheren Landes. Vielmehr wurden sie im Wechsel von Zerstörung und Aufbau Schicht um Schicht aus den steigenden Fluten aufgebaut, aber, kaum dem Meer entwachsen, an allen Ufern rundum wieder abgenagt. Abbruchkanten und anhaltende Landverluste kennzeichneten die Halligen, bis kurz vor 1900 der Küstenschutz weiteren Zerstörungen Einhalt gebot. Aber die heute gesicherten Halligen haben nur noch ein Drittel ihrer einstmaligen Größe. Und sie sind Gespielinnen des Meeres geblieben. Schon eine mäßige Sturmflut führt auf den Halligen zum „Land unter", zur Überflutung des niedrigen Landes, so daß nur noch die Warften, die künstlichen Hügel mit den darauf zusammengedrängten Häusern, aus der Brandung ragen. In keiner anderen Küstenlandschaft leben die Menschen ähnlich unmittelbar mit dem Meer.
Aber es gibt noch eine weitere Art von Inseln im Wattenmeer – die hohen Sände, auf denen sich der Seesand durch Wellen und Wind so hoch gehäuft hat, daß sie nur noch bei Sturmfluten überspült werden. Im Lee einzelner Gräser, wie Binsenquecke, Meersenf, Salzkraut und Strandroggen, bilden sich manchmal Dünen, die unter günstigen Bedingungen „aufwachsen" und sich ausbreiten, bis eine richtige Insel geboren ist. Im Wellenschutz solcher Inseln kommt es dann auch in der Regel zur Ablagerung von Schlick und zur Bildung von Salzwiesen. Memmert, Mellum, Scharhörn und Trischen sind die Namen solcher Inseln. Aber ihr Bestand bleibt fraglich. Die Bedingungen des Werdens und Wachsens können sich ändern, und dann holt sich die Nordsee ihre Gabe zurück.
Inseln dieser Art sind nicht von Menschen bewohnt. Nur in den Sommermonaten zieht ein einsamer Vogelwart in eine bescheidene Hütte, die zum Schutz gegen Sturmfluten auf Ständern steht, und betreut die unzähligen Seevögel, die auf diesen Inseln nisten.

In einem steten und stillen Rhythmus wechseln im Wattenmeer Ebbe und Flut. Aber manchmal laufen – von Westwindstürmen getrieben – hohe Sturmfluten auf, und dann drängt eine schäumende Brandung über den Strand.

Die Wattenfläche an der deutschen Nordseeküste ist etwa 34 000 Quadratkilometer groß. Mit dem Wort Watt verbinden sich bei vielen Binnenländern Vorstellungen von Schlick. Tatsächlich aber besteht Watt nur zu einem ganz geringen Teil aus Schlickboden, – meist im Wind- und Wellenlee von Inseln und in strömungsberuhigten Buchten, wo sich die leichten, tonigen Stoffe und Sedimente absetzen können. Andere Wattenflächen werden aus einem Sand-Schlick-Gemisch gebildet. Aber der weitaus größte Teil des Wattbodens ist fester, gelbbrauner Sand. Genau genommen handelt es sich beim Watt um Meeresboden, der bei Ebbe trockenfällt, und das können sogar Felsen sein, wie beispielsweise rund um Helgoland.
Dem äußeren Anschein nach müßte das Wattenmeer eine lebensfeindliche Landschaft sein. Bedingt durch den Gezeitenwechsel liegen die Wattenflächen bei Ebbe stundenlang trocken, der sommerlichen Hitze ebenso wie dem winterlichen Frost preisgegeben. Aber nicht nur im Wechsel der Jahreszeiten, sondern auch im Gefolge von Ebbe und Flut ergeben sich kurzfristig erhebliche Temperaturschwankungen für die im Wattboden lebenden Tiere und noch mehr für die sich oberirdisch ansiedelnden Schnecken, Miesmuscheln und Seepocken. Letztere müssen sogar die Fähigkeit besitzen, bei starkem Ostwind und niedrigem Wasserstand tagelang ohne Wasserbedeckung zu leben, aber auch bei Sturmfluten der Brandung zu trotzen. Und ständig ist das Dasein der Wattentierwelt durch Bodenverlagerung bedroht. Hier wandert eine Sandbank über eine Kolonie von Bäumchenröhrenwürmern oder bedeckt eine Miesmuschelbank, so daß diese Tiere, unfähig zur Rettung oder Gegenwehr, ersticken müssen. An anderer Stelle wiederum legen die wandernden Sände Kolonien unterirdisch lebender Muschelarten frei, die ebenfalls dem Absterben preisgegeben sind. Die Massen der bunten Muschelschalen von abgestorbenen Weichtieren am Strand künden von solchen laufenden „Naturkatastrophen".

Wenn das Wattenmeer trotzdem zu den am dichtesten besiedelten Lebensräumen unserer Erde gehört – vergleichbar mit Korallenriffen, tropischen Feuchtwäldern und Mangrovensümpfen –, gründet sich dieser Lebenserfolg auf die umfangreiche Entwicklung von einzelligen Algen, die im Wasser schweben oder auf dem Wattboden siedeln. Dazu kommt das pflanzliche und tierische Plankton, das jede Flut über die Watten trägt. Diese Organismen sind Nahrung eines Riesenheeres von wirbellosen Tieren, die wiederum Futter für Fische und Vögel bieten. Fischfangende Seehunde und schließlich der Mensch als Jäger und Fischer bilden die letzten Glieder dieser noch weitgehend intakten „Lebenskette".

Zahlreich sind die Spuren der Tiere auf dem Watt: die Kriech- und Krabbelspuren von Schnecken, Krebsen und Würmern sowie die Abdrücke der Möwen und Austernfischer, die Sand und Schlick kreuzen und queren.

Die während der Ebbezeit trocken fallenden Sandbänke im Wattenmeer sind Ruheplätze der Seehunde. Hier schlafen sie und lassen ihr Fell von Wind und Sonne trocknen. Trotzdem bleiben die Tiere aufmerksam und tauchen bei Störung in den nahegelegenen Priel. Im Juni/Juli werden auf den Sänden die Jungen geboren, die sofort schwimmfähig sind, weil schon wenig später die Flut über alles hingeht.

Aufziehender Sturm. Drohend ballt sich das Gewölk über dem Horizont des Wattenmeeres zusammen. Die Leere der Landschaft und die Weite des Himmels leben vom Spiel der Wolken, die ein ständiger Wind immer neu zusammenfügt und wieder auseinanderpflückt.

Das Wattenmeer ist Lebensraum einer eigenartigen und vielfältigen Tierwelt. Im Sommer treibt ein Millionenheer von zarten und bunten Quallen im Wasser umher, von denen einige Arten die menschliche Haut nach Berührung mit den Nesselfäden erheblich reizen können.

Blaue Miesmuscheln bilden, ineinander verklumpt und durch Fäden verbunden, oft ausgedehnte „Bänke" auf dem Wattenboden. Sie gehören zu den wenigen oberirdisch lebenden Arten. Fast alle anderen Muscheln liegen verborgen im Sand und Schlick.

Priel im Schlickwatt. Priele sind Flußbetten, die von ablaufender Strömung in den Wattenboden eingeformt werden. Hier bleibt auch beim tiefsten Stand der Ebbe Wasser zurück, das zahlreichen Tieren eine sichere Zuflucht bietet bis zur Wiederkehr der nächsten Flut.

Inseln und Halligen im Wattenmeer sind Brutplätze zahlreicher Seevögel. Die Brandgans ist mit ihrem bunten Gefieder ein Farbtupfer im Grün der Wiesen und im Grau des Watts.

Heringsmöwen sind nahe Verwandte der Silbermöwen und breiten sich von Jahr zu Jahr mehr aus. Beide Elternvögel betreuen die Jungen.

Ebene Sände und Strände sind Brutgebiete der Küstenseeschwalbe, die ihre Nahrung – Fische – stoßtauchend im Meer erbeutet. Fast schutzlos sind die Küken auf der deckungslosen Ebene dem Wind und den Sturmfluten preisgegeben, und nur wenige werden flügge.

Luft und Landschaft am Meer sind die Reviere vieler Vögel, die bei Ebbe im Watt auf Nahrungssuche gehen und bei Flutzeit in Scharen am Strand rasten. Charaktervogel des Wattenmeeres ist der Austernfischer, der allerdings keine Austern fischen kann, sondern mit seinem langen Schnabel Bodengetier aus Sand, Schlick und Marschenwiesen stochert. Er ist überaus ruffreudig und lärmt das ganze Jahr, Tag und Nacht.

Einen besonderen Akzent setzen im Hochsommer Strandflieder und Strandbeifuß, die weithin die Salzwiesen und das Halligland mit einem rosaviolett und silbernen Schleier überziehen.

Salzwiesen, Wattufer und Sandstrände tragen eine eigentümliche, den rauhen Bedingungen angepaßte Flora. Die Strandplatterbse versteht es, sich mit ihren Ranken im Strandhafer gegen den ewigen Wind zu behaupten.

Die Stranddistel schützt sich durch wachsartig überzogene Blätter gegen Verdunstung und Trockenheit. Wegen ihres seltenen Vorkommens steht sie unter Naturschutz.

Der Deich trennt zwei Gebiete: das graue Watt und die grüne Marsch. Deiche gehören zu den größten Werken der Menschheit. Schon vor Jahrhunderten wurden über Tausende von Kilometern mit primitiven Hilfsmitteln von der Küstenbevölkerung erbaut, um das fruchtbare Land gegen Sturmfluten zu schützen. Schafe sind die ständigen Rasenmäher auf dem Deich.

Strömung und Wellenschlag hinterlassen bei Ebbe auf dem Sandwatt ein verwirrendes Muster länglicher Rippelmarken, die bei der nächsten Flut verwischt und wieder neu gestaltet werden.

FLUTSAUM-FUNDE

„Ich höre des gärenden Schlammes geheimnisvollen Ton . . .", dichtete um die Mitte des vorigen Jahrhunderts Theodor Storm. Und er meinte jenes eigentümliche Wispern, das bei Ebbe aus dem Watt aufsteigt.
Im weichen graublauen Schlick zischt und knistert ein millionenfaches Leben. In unschätzbarer Zahl steigen hier die zentimeterkleinen Schlickkrebse aus ihren schleimverkitteten Wohnröhren und streichen nahrungssuchend mit langen Fühlern auf dem Wattboden umher. Nicht hundert oder tausend dieser Krebstierchen könnten damit ein für Menschenohren wahrnehmbares Geräusch erzeugen; es sind Millionen, deren Wirken durch die Masse hörbar wird.
An günstigen Stellen leben bis zu 40 000 Schlickkrebse auf jedem Quadratmeter Watt, und da ihr Lebensraum nahezu identisch ist mit dem der winzigen Wattschnecken, die mit bis zu 70 000 Tieren einen Quadratmeter besiedeln, erreicht der Wattboden – auch durch die zusätzliche Nachbarschaft von Würmern und Muscheln – mancherorts eine nahezu unvorstellbare Lebensdichte.
Die Fülle des Tier- und Pflanzenlebens im Wattenmeer wird uns auf andere Weise auch im Flutsaum gezeigt. Dort am Strand, wo die Flut bei Hochwasser ihren täglichen höchsten Stand erreicht, bildet sich ein „Flutsaum" von Meerespflanzen, von braunem Blasentang, der an Buhnen und auf Miesmuschelbänken wächst, von lichten Blättern des Meersalats und Knäueln der dunkelgrünen Darm- und Borstenalgen, die auf dem Wattboden wachsen. Aber auch Massen von Seegras, das schon zu den Blütenpflanzen gehört, werden durch Strömung und Brandung an die Küste geworfen. Dazwischen liegen tote oder noch lebende Seetiere oder ihre Überreste. Das häufigste Angespül bilden die bunten Schalen verschiedener Muschelarten, Herz-, Tell-, Pfeffer- und Plattmuscheln, aber auch Klaff- und Miesmuscheln, Austern und manchmal Massen von Bohrmuscheln und anderen Arten.

Zum Flutsaum des Wattenmeeres gehören aber auch das ganze Jahr über die faustgroßen Eiballen der Wellhornschnecken mit den gelblichbraunen Kapseln, die jeweils bis zu tausend Eier enthalten, von denen jedoch nur ein, zwei Dutzend befruchtet werden.
Von weither hat die Flut die schwarzbraune Eikapsel des Nagelrochens herangetragen, ebenso den kalkigen Schulp des Tintenfisches. Und aus dem Boden des Wattenmeeres wird auch heute noch gelegentlich Bernstein angespült.
Fülle und Vielfalt des Flutsaums werden aber vor allem von Sturmfluten beeinflußt, die aus dem Watt das Bodengetier herauswühlen und an die Küste werfen. Dazu gehören die stacheligen Gehäuse der Strandigel und der unterirdisch lebenden Herzigel, Seesterne, Röhren der Köcherwürmer, Korallenschwämme und Büschel von See- und Korallenmoos, die wie Meeresgewächse erscheinen, aber Stöcke von Polypentierchen sind. Treibgut im Flutsaum des Strandes ist nicht nur von Seepocken, sondern auch von den Kalkröhren der Dreikantwürmer und Posthornwürmer besetzt, manchmal auch von den zarten blauen Schalen der Entenmuscheln, die dicht an dicht mit derben Stielen am Treibgut festgeheftet sind. Es handelt sich hier um Rankenfüßler, Krebstiere, die freischwimmend in der Weite der Weltmeere leben. Natürlich werden auch einheimische Krebstiere, der große Taschenkrebs wie auch die kleinere Strandkrabbe tot oder lebendig angespült und dann – wie das andere Seegetier – schnell eine Beute der scharfäugigen Möwen.
Manche Seetiere treten nur zu gewissen Jahreszeiten auf, wie beispielsweise die Quallen, die sich zu Beginn des Sommers scheibchenweise von festsitzenden Polypen lösen und ein freischwimmendes Leben beginnen, bis sie dann irgendwo auf den Strand geraten. Vor allem sind es blaue und gelbe Lungenquallen, deutlich gekennzeichnete Kompaßquallen und Arten sogenannter „Feuerquallen", bei deren Berührung im Wasser ein Nesselgift wirksam wird und entsprechende Schmerzen hervorruft. Am häufigsten sind die blaue Nesselqualle sowie die gelbe Haarqualle, deren Glocke bis zu einem Meter an Durchmesser erreichen kann. Gestrandet aber sind Quallen schnell gestorben und in Sonne und Wind vergangen, da sie fast nur aus Wasser bestehen. Aber am Strand zeigen sie uns auch die ganze Schönheit ihrer zarten Farben und Formen.

Eisschollen bedecken das winterliche Wattenmeer. Mit Ebbe und Flut treiben sie einige Zeit hin und her. Aber wenn der Frost andauert, bilden sich ausgedehnte, meterdicke Eisfelder, schließen Inseln und Halligen ein und halten das Wattenmeer in ihrem Bann.

Wenn bei Ebbe die Weite des Wattenraums trockengefallen ist, lädt sie zu Wanderungen und Entdeckungen ein. Das Tierleben dieser Landschaft beginnt schon unmittelbar an der Hochwasserlinie, wo Sandwatten im Sommer an manchen Stellen von den Sandkrümelhäufchen salzliebender Kurzflügelkäfer bedeckt sind. Sie können bei Flut ihre Wohnröhre mit einer Luftblase wasserdicht verschließen. Und unter angespültem Treibgut und Meerespflanzen halten sich Sandhüpfer verborgen, die beim Aufdecken ihres Verstecks nach allen Seiten davonspringen.
Die schlickige Uferzone ist vom Millionenheer der Wattschnecken besiedelt, die zum Teil bei Ebbe ruhen, teilweise aber auch unterwegs sind und ein vielfältiges Spurenmuster im Boden hinterlassen. Sie äsen auf Seegras und Bodenalgen. Die größeren Strandschnecken bevorzugen dagegen sandige Wattufer mit Buhnen und anderen Küstenschutzwerken, auf denen sie Halt finden, wenn sie verweilen wollen.
Buhnen und Brückendalben sind auch die Daseinsgrundlage der Seepocken. Holz und Stein sind mit den Kalkgehäusen dieser Tiere dicht besetzt. Dabei siedeln sie bis hinauf an die äußerste Grenze der Lebensmöglichkeit, bis unmittelbar unter der Hochwasserlinie, wo sie oft nur für wenige Minuten täglich vom Wasser bedeckt oder gar nur von Brandungsspritzern erreicht werden. Mit einem Vorrat an eingeschlossenem Wasser überdauern Seepocken auch tagelange Trockenheit. Erstaunlich, daß diese Tiere als Rankenfüßler auch zur großen Familie der Krebse gehören.
Im sandigen Wattboden haust ein Tier, dessen Tätigkeit geradezu charakteristisch für das Wattenmeer ist – der Wattwurm. Über Quadratkilometer hinweg bedecken die eigenartigen „Sandkringel" dieser Würmer bei Ebbe die Wattenoberfläche. Es handelt sich um die Kothäufchen dieser Würmer, die etwa 25 Zentimeter tief in U-förmigen Röhren leben. Ein- und Ausgang dieser Röhre reichen nach oben. Der Wurm saugt an einem Strang den Sand herab, den jede Flut erneut mit Nahrungsstoffen anreichert. Der Sand wird durchgekaut und über den anderen Röhrenstrang rückwärts auf die Wattenoberfläche herausgedrückt.
So bilden sich durch Armeen von Würmern unablässig „Sandkringel" auf dem Boden, dazwischen aber Löcher oder Vertiefungen, wo der Sand angesaugt worden ist. Angler graben sich mit einer Spezialforke diese Würmer aus und nutzen sie als Köder. Auch der Austernfischer kann mit seinem Schnabel den Wurm aus seinem Element stochern, spült ihn aber in der Regel in der nächsten Pfütze wieder ab, bevor er gefressen oder zu den Jungen getragen wird.
Die meisten Wattentiere hinterlassen jedoch nur wenige oder keine Spuren auf der Oberfläche, so daß ein acht- und ahnungsloser Wanderer ihre Anwesenheit kaum bemerkt. Das gilt sowohl für die schon erwähnten Schlickkrebse, die man eher hört als sieht, als auch für andere Würmer und fast alle Muschelarten. Sie kommen nur beim Graben im Wattboden zutage, etwa die langen, aber nur millimeterdünnen Blutfadenwürmer, die Seeringelwürmer, die sich wie Tausendfüßler winden und schnell wieder vergraben, oder die eigenartigen Köcherwürmer, die in etwa fünf Zentimeter langen, exakt gekitteten Köchern stecken und durch ihre golden leuchtenden Grabborsten auffallen.
Muscheln leben je nach Art mehr oder weniger tief im Boden, Herzmuscheln nur Zentimeter unter der Oberfläche, etwas tiefer Platt- und Tellmuscheln, und am tiefsten, nämlich bis zu 30 Zentimeter, die große Sandklaffmuschel. Sie hält, wie die anderen im Untergrund lebenden Arten, über ein schlauchartiges Organ Verbindung nach oben, um bei Flut Sauerstoff und Nahrung aus dem Wasser zu filtern. Beim ruckartigen Einziehen des Siphos spritzt eine dünne Wasserfontäne aus dem Boden und verrät die Anwesenheit dieses Weichtieres.
Um so augenfälliger und bekannter ist eine andere Muschel im Wattenmeer – die Miesmuschel. Auf festem Untergrund, oft an den Rändern von Prielen, haben sich umfangreiche „Bänke" gebildet. Hier klumpen die dunkelblauen Schalen dicht an dicht zusammen, verbunden noch mit einem Gespinst von Byssusfäden, damit Strömung und Wellenschlag die Muscheln nicht vertreiben. Miesmuscheln müssen oberirdisch leben. Wenn sie unter eine heranwandernde Sandbank geraten oder infolge einer Prielverlagerung versanden, sind sie dem Absterben preisgegeben. Miesmuscheln sind eine bekannte und beliebte sowie eiweißhaltige Delikatesse in den Restaurants der Küsten-

orte. Mancherorts werden sie regelrecht gezüchtet und befischt, vor allem im nordfriesischen Wattenmeer, wo die „Muschelindustrie" eine wirtschaftliche Bedeutung hat.
Eine andere Muschel aber werden wir wohl vergeblich suchen – die Auster. Sie spielte noch bis in die 1920er Jahre hinein eine große Rolle und wurde zuletzt von Sylt aus gefischt. Uralte Akten in den Archiven berichten von den Austernbänken, die als „Königliches Regal" genutzt, an Kaufleute verpachtet und von inselfriesischen Austernkuttern befischt wurden. Aber überhöhte Pachten förderten den Raubbau, und in den Anfangsjahrzehnten unseres Jahrhunderts wurde die Auster bis auf wenige Restbestände ausgerottet. Nur die leeren Schalen liegen noch immer im Flutsaum des Strandes und verstreut auf dem Watt. Aber wenn wir heute in einem Restaurant Austern essen, dann stammen diese aus einer Zuchtanlage im Wattenmeer – und es ist eine japanische Art.
Wirtschaftlich spielt die Miesmuschel seit den 1930er Jahren eine immer stärkere Rolle. Und sie ist dank ihrer Vermehrungskraft – eine laichreife Muschel stößt im Frühsommer bis zu 1,5 Millionen Eier aus – geradezu dafür prädestiniert.
Während der Flutzeit öffnen sich die Schalen, und dann filtert das Weichtier stündlich etwa einen Liter Wasser, um daraus die Nahrungsstoffe zu sieben. Die Ausscheidungen lagern sich im Bereich der Miesmuschelbank ab und wachsen zu beachtlichen Schlickhügeln heran.
Muschelbänke sind in der Regel mit Braunalgen bewachsen, deren Haftwurzeln hier einen festen Untergrund gefunden haben. Darunter bieten sich Schlupfwinkel für manche anderen Tiere; Seepocken, Käferschnecken und die purpurroten Pantoffelschnecken haben sich auf den Muschelschalen angesiedelt. Die letzteren leben etagenweise übereinander und sind nahezu unbeweglich. Ihre Vermehrung erfolgt, wie auch bei einigen anderen Weichtieren, durch Geschlechtsumwandlung und Selbstbefruchtung.
Muschelbänke, die unter der Niedrigwassergrenze liegen, also immer von Wasser bedeckt bleiben, sind zugleich Lebensraum von handgroßen gelben Klumpenschwämmen, von Seenelken und Seeanemonen, die wie Blumen erscheinen, aber Nesseltiere sind, und von Polypen- und Korallentieren.
Kleine und große Seesterne bewegen sich träge auf den Muschelbänken umher und versuchen, nach dem Ansaugen und Auseinanderstemmen ihrer Arme eine Miesmuschel zu öffnen, was ihnen nach ein, zwei Stunden meist auch gelingt. Anschließend saugen sie ihre Beute auf.
Lebensräume besonderer Art sind die Priele. Hier bleibt immer, auch beim tiefsten Stand der Ebbe, Wasser zurück, so daß Tiere dort unabhängig vom Gezeitenwechsel leben. Für andere sind Priele gleichzeitig ein Zufluchtsort, an dem sie die Zeit der Ebbe überdauern.
Im Sand vergraben oder unter Algen versteckt, warten Strandkrabben auf die nächste Flut. Aufgestört eilen sie querlaufend davon, spreizen drohend ihre Scheren und trachten danach, rasch einen neuen Unterschlupf zu finden. Dutzende von Garnelen schnellen sich durch Rückwärtsschläge ihres Schwanzes davon, nähern sich aber neugierig, wenn man still stehen bleibt. Gehäuse von Wellhornschnecken, die am Prielgrund liegen, sind fast immer von Einsiedlerkrebsen bewohnt.
Auch mancherlei Fische, Aale, Steinpicker, Seeskorpione, Schollen, Butt und Flundern leben im Priel. Letztere haben sich bei Ebbe im Sand eingebuddelt und liegen ganz still, auch wenn ein Wattwanderer naht. Sein Schreck ist nicht gerade gering, wenn er plötzlich barfuß auf eine glitschige, zappelnde Platte tritt.
Mit der Rückkehr der Flut kommt Bewegung in die Tiere im Priel. Sie verteilen sich nahrungssuchend über die Weite des Wattenmeeres, und aus der tieferen Nordsee folgen Scharen von Hornfischen, Makrelen, Meeräschen und andere Meeresbewohner.

Die Weite des Wattenmeeres ist eine Landschaft ständig wechselnder Wettererscheinungen, die sich aus hohem Himmel im feuchten Sand und Schlick widerspiegeln.

TIERE IM WATT

Bei Ebbe fallen im Bereich des Wattenmeeres überall Sandbänke und Platen trocken, und hier ist die Heimat der Seehunde. Zu Dutzenden liegen sie an deren Rändern, schlafen und lassen ihr Fell von der Sonne durchwärmen – für die Gesundheit des Seehundes von großer Wichtigkeit. Immer aber wachen einzelne Tiere, so daß sie bei Gefahr schnell in die Tiefe eines Wattenstroms tauchen können. Aber den Seehunden im Wattenmeer will jetzt glücklicherweise niemand mehr ans Fell. Sie sind – mit Ausnahme kranker Tiere – geschützt. Und vor der schleswig-holsteinischen Westküste hat sich der Bestand der Seehunde mit derzeit über 3000 in den letzten Jahren gut erholt, während die Seehunde an der südlichen Nordseeküste offenbar unter Schadstoffen aus den Flüssen leiden und nur eine geringe Nachwuchsrate aufweisen.
Im Hochsommer werden auf den Sänden im Wattenmeer die jungen Seehunde geboren und müssen schon wenige Stunden später schwimmen können, weil ihr Geburtsort wieder überflutet wird. Manchmal gehen Jungtiere den Müttern verloren. Sie kommen dann mit heulenden Rufen an den Strand und robben hinter jedem größeren Lebewesen her. Heute kann man diesen „Heulern" helfen. Es gibt mehrere „Heulerstationen" an der Nordseeküste, wo sie großgezogen und im Herbst wieder in die Freiheit des Meeres zurückgesetzt werden.

Vogelwelt im Wattenmeer

Auffälliger noch als das Kleingetier auf und im Watt sind die See- und Strandvögel, die Luft und Landschaft bevölkern. In der Sicht bis zum Horizont und im hohen Himmel sind sie eine ständige Erscheinung. Seevögel sind auch sehr groß im Vergleich zu den anderen Bewohnern des Wattenmeers und machen sich mit ihrer Ruffreudigkeit bemerkbar. Ebenso prägen sie in einer Landschaft ohne Bäume und Blumen den Wechsel der Jahreszeiten, das Schweigen im Winter, das Frühjahr mit wandernden Massen von Vogelvolk, die Fröhlichkeit der Balz und Brut im Sommer und den wehmütigen Abschied im Herbst.
Charaktervogel des Wattenmeeres ist weniger die Silbermöwe als vielmehr der Austernfischer. Er treibt sich bei Ebbe verstreut auf den Wattenflächen umher, um Bodengetier zu erstochern, und lärmt bei Flutzeit in geselligen Scharen am Strand und auf den Salzwiesen. Er brütet in allen Revieren am Meer und meldet seine Anwesenheit bei Tag und Nacht durch unentwegtes Geschrei. Austernfischer gehören zur Familie der Limikolen, deren weitere Vertreter Säbelschnäbler, Rotschenkel, Uferschnepfe, Sand- und Seeregenpfeifer sind.
Silbermöwen lernt der Besucher von Inseln und Halligen schon im Hafen an der Festlandsküste kennen. Sie folgen den seewärts fahrenden Schiffen als flatternde und zankende Schar, erbeuten das vom Kielwasser aufgewirbelte Seegetier, lassen sich zuweilen aber auch von den Passagieren füttern. Silbermöwen sind Allesfresser, die den Flutsaum absuchen und dabei auch die Kadaver verwesender Seehunde nicht verschmähen. Bei Ebbe suchen sie im Watt nach Muscheln und Krebsen oder begleiten die Krabbenkutter auf ihrer Fahrt, um sich den Fischabfall einzuverleiben. Sie erbeuten aber auch Gelege und Jungvögel und finden sich sogar auf Müllplätzen ein. Aber anders als Austernfischer, die in allen Küstenlandschaften brüten, konzentriert sich die Silbermöwe in Kolonien auf Inseln und Halligen. Auf einigen Sand- und Düneninseln wie Memmert, Mellum und Trischen, aber auch auf Langeoog, Spiekeroog, Juist oder Amrum brüten jeweils etliche Tausend. Auch die frühere „Binnenland-Möwe", die Lachmöwe, die in der Brutzeit einen schokoladenbraunen Kopf hat, ist seit Mitte unseres Jahrhunderts an der Nordseeküste und im Wattenmeer überaus häufig anzutreffen. Sturmmöwen und Heringsmöwen treten dagegen nur lokal als Brutvögel auf – die Heringsmöwe mit den schwarzen Flügeln allerdings verbreitet sich in wachsender Zahl. Mit Ausnahme der im Herbst südwärts ziehenden Heringsmöwe halten sich die anderen Arten auch im Winter in Wattgebieten auf.
Wahre Sommergäste aber sind die Seeschwalben, Lach-, Brand-, Küsten-, Fluß- und Zwergseeschwalben, die erst im April aus ihren Winterquartieren am südlichen Ende der Welt zurückkehren, den Nordseesommer für die Brut und Aufzucht ihrer

Jungen nutzen und, kaum daß diese flügge sind, bereits im Juli und August wieder nach Süden ziehen. Sie folgen dabei den Küsten Europas und Afrikas bis zum Kap der Guten Hoffnung und darüber hinaus bis zum Eisrand der Antarktis. Seeschwalben ernähren sich ausschließlich aus dem Meer, obwohl sie kaum schwimmen. Stoßtauchend erbeuten sie ihre Nahrung, allerlei Fische.
An Pfützen und Prielen bewegen sich bunte Farbtupfer hin und her. Es sind Brandgänse, die dort mit langen Hälsen das Kleingetier aus dem Wasser schnabulieren.
Sie sind lebhaft und streitlustig gegenüber ihrer eigenen Art und fliegen ständig gegeneinander an. Jedes Paar behauptet im Wattenmeer ein bestimmtes Revier, in das später die Jungen geführt werden. Brandgänse brüten in Höhlen, mit Vorliebe in jenen der Wildkaninchen, die in den Dünen mancher Nordseeinseln hausen. Auf den Halligen und in den Schutzgebieten, wo Kaninchen fehlen, werden künstliche Höhlen angelegt.
Neben Brandgänsen, auch als Brandenten bezeichnet und keiner Art ganz genau zuzuordnen, ist das Wattenmeer auch von Eiderenten belebt. Es sind nordische Meeresvögel, die in der Nordsee ihre südlichste Verbreitung finden. Hauptbrutplatz ist die nordfriesische Insel Amrum mit fast 1000 Paaren. Aber einzelne Paare siedeln sich auch auf anderen Inseln und Halligen an. Erst unmittelbar vor Beginn der Brut kommen die Eiderenten vom Meer an die Küste, und auffallend sind ihre Balzrufe, ein weithin schallendes „Ahuuo".
Mit Vorliebe wandern die Enten auf der Suche nach einem Nistplatz durch das Gelände und legen an oft unmöglichen Stellen ein erstes, grünes Ei. Später finden wir das komplette Gelege in einem Daunenkranz. Die Daunen werden über das Gelege gedeckt, um die Brutwärme zu halten und das Nest gegen Entdeckungen durch Möwen oder Krähen zu schützen, wenn die Eiderente zu kurzer Nahrungssuche unterwegs ist. Die Jungen kommen unmittelbar nach dem Schlüpfen in Bewegung und werden von der Mutter zum Wattenmeer geführt. Dort versammeln sich etliche Eiderenten, um gemeinsam ihre Jungenscharen zu betreuen.
Im Frühjahr und Herbst werden Luft und Landschaft auch durch zahllose Zugvögel bevölkert. Nach dem Ende des Winters treffen als erste die Ringelgänse ein, um auf den Salz- und Marschenwiesen zu weiden. Sie überwintern eigentlich an englischen und westeuropäischen Küsten, machen aber im Wattenmeer der Deutschen Bucht eine monatelange Pause, um hier durch eifriges Äsen Kräfte für die lange Reise zu ihren sibirischen Brutplätzen zu sammeln. Zehntausende lassen sich auf den Halligweiden nieder – zum Ärger der betroffenen Landwirte, die erst lange nach dem Wegzug der Gänse im Mai ihr Vieh austreiben können und deshalb vom Staat eine Entschädigung erhalten. Mancherorts sammeln sich auch große Scharen von Weißwangen- und Kurzschnabelgänsen.
Nicht weniger auffallend sind die „Vogelwolken" verschiedener Limikolen-Arten, deren Zug im Frühjahr durch das Wattenmeer führt. Vor allem sind es Pfuhlschnepfen, Knutts, Alpenstrandläufer und Große Brachvögel, wobei die ersten oft in Scharen von bis zu zehn- oder zwölftausend Vögeln ziehen. Sie nutzen die Höhe des Himmels zu eigenartigen Flugspielen, steigen spiralförmig auf und ab, zeigen einmal ihren hellen Bauch und plötzlich ihren dunklen Rücken. Niemand weiß, wie solche Schwenkkommandos in Sekundenschnelle durch die Vogelmasse gehen.
Wochenlang treiben sich diese Vögel im Wattenmeer und an der Küste herum und sind dann eines Tages nach Norden entschwunden, zu ihren Brutplätzen in der Einsamkeit der skandinavischen und sibirischen Tundra. Auf dem Höhepunkt des Sommers kehren die ersten schon wieder zurück, und der Rückzug dauert dann bis weit in den Herbst hinein. Aber die herbstlichen Scharen sind nicht so groß wie jene im Frühjahr, wenn sich der Vogelzug auf wenige Wochen zusammendrängt.
Ganz ohne Vogelleben ist das Watt auch im Winter nicht, selbst dann, wenn Eisschollen und Packeiswälle Watt und Strand bedecken. Austernfischer lärmen durch den kurzen Wintertag und Eiderenten ziehen zu den offenen Prielen, um nach Miesmuscheln zu tauchen; Möwen und Krähen fliegen umher, um nach jenen zu suchen, die vor Kälte und Hunger gestorben sind.

„Noch einmal schauert leise und schweiget dann der Wind. Vernehmlich werden die Stimmen, die über der Tiefe sind." (Theodor Storm) Ganz eigenartig ist die Stimmung windstiller Sommerabende im Wattenmeer. Es flüstert und knistert im Schlick und ruft Erinnerungen wach an versunkene Marschen und Menschen.

Die Landschaft an der Küste, die im Wechsel der Gezeiten stundenweise in Land und Meer verwandelt wird, zeigt eine Gesellschaft von eigenartigen Pflanzen, die Salz vertragen können oder sogar benötigen. Einige Blütenpflanzen wagen sich weit hinaus in das Watt – verschiedene Seegrasarten, die in Pfützen und Prielen bis unter die Grenze des Niedrigwassers wachsen.
Von den eigentlichen Landpflanzen hat sich das Englische Schlickgras die Uferzone am Wattenmeer erobert. Es wächst noch bis zu einem Meter unter dem Hochwasser und bildet sowohl im Schlick als auch im Sandwatt dichte runde Porste. Erst dann kommt der Queller mit seinen fleischigen Stengeln und Blättern, der büschelförmig mehr oder weniger dicht die aufwachsenden Schlickflächen in der Landgewinnungszone besiedelt.
Dort, wo das Wattufer über die mittlere Hochwasserlinie ansteigt und nur noch bei Spring- und Sturmfluten im Einflußbereich des Meeres liegt, hat sich eine bunte Gesellschaft verschiedenster Pflanzen zusammengefunden. Ähnlich dem Queller kriechen die Büschel der Strandsode mit grünen und roten Stengeln und Blättern über den Boden hin. Rasenartig dicht wächst das Milchkraut mit seinen unzähligen rotweißen Blüten zwischen den spatelförmigen Blättern. Dazwischen leuchten die weiß-violetten Blütensterne der Salzschuppenmiere oder die weißen Blütenbüschel des Löffelkrauts. Mancherorts haben die hochaufwachsenden Strandmelden alle anderen Pflanzen unterdrückt, während an günstigen Stellen, auf den Rändern höherer Salzwiesenufer und an den Kanten der Gräben, die ausladenden Sträucher des herb duftenden Strandbeifußes dominieren. Tiefer liegende, ständig feuchte Flächen der Salzwiesen sind ein beliebter Standort der Strandaster, die hoch aufwächst und im Spätsommer ihre watteartigen Samenbüschel mit dem Wind auf die Reise schickt.

Einen ganz besonderen Akzent aber setzt die Flora dieser Landschaft an der Grenze zum Meer, wenn im Juli der Strandflieder blüht und sich weithin ein rosavioletter Schimmer über die Salzwiese breitet. Auf den Halligen wird diese Pflanze „Bondestave" genannt.
Ganz anders wiederum ist das Bild der Flora an den sandigen Wattenküsten. Hier wagt sich die niedrig wachsende Salzmiere mit ihren dickfleischigen Blättern am weitesten vor. Höher hinauf stehen die Büschel des Salzkrauts und des Meersenfs, von Insekten umsummt. Sie finden ihre Lebensgrundlage im Humus alter versandeter Flutsäume.
Und auf den noch höheren Strandwällen, wo Binsenquecke und Strandroggen, schließlich auch der Strandhafer geeignete Lebensräume finden, ranken sich die seltenen Strandplatterbsen mit ihren violetten Blüten auf, stehen hohe Gänsedisteln und vielleicht auch noch wenige Büsche der Stranddistel, mit silbernen, wachsüberzogenen stacheligen Blättern, dem Wind, der Sonne und der Salzluft angepaßt.

Das Wattenmeer ist weithin eine Landschaft der Natur, der Vögel und Fische, der Seetiere, der Seehunde, der Salzflora und Meeresalgen. Aber es ist auch ein Lebensraum der Menschen!
Die Küste mit ihren Deichen und Vorländern, die aus der Landgewinnung entstanden, ist in ihrer heutigen Erscheinung ein Werk des Menschen und wird noch immer von ihm geprägt. Der Küstenschutz war und ist die große „Generalaufgabe" der Menschen am Meer, die jahrhundertelang mit eigenen Mitteln und unerhörtem Aufwand an Kraft und Zeit um den Bestand ihrer Heimat rangen – bis sich schließlich im Laufe des 19. Jahrhunderts der Staat an dieser Aufgabe beteiligte und sie dann ganz übernahm. Und Küstenschutz muß nicht naturfeindlich sein. Wenn es nicht gerade um Großeindeichungen von reinen Wattenflächen und deren zwangsläufige Umwandlung und Zerstörung geht, können Maßnahmen im Zusammenhang mit der Landgewinnung in großem Stil zur Bildung von biologisch wertvollen Schlickwatten und Salzwiesen führen. In unserer Zeit ist die Erkenntnis von der Bedeutung des Naturschutzes gewachsen und hat durch die Erklärung des Wattenmeeres vor der schleswig-holsteinischen und niedersächsischen Nordseeküste zum „Nationalpark" 1985/86 eine gesetzliche Grundlage gefunden.
Das Wattenmeer war also von jeher nicht nur Natur-, sondern auch Kulturraum, und der Mensch muß und wird in dieser Landschaft weiterhin seine Rolle spielen: Von den Häfen an der Küste sowie von Inseln und Halligen fahren Krabbenkutter aus, um Garnelen, auch „Krabben" und „Granat" genannt, zu fischen. So bleibt uns das bunte Bild der heimgekehrten Kutter in den Häfen erhalten. Auch die Miesmuschelfischerei mit der Aussaat von Muschellaich auf geeigneten Bänken und die spätere Ernte bleibt innerhalb des Nationalparks in kontrolliertem Umfang erlaubt.
Das Wattenmeer mit seinen Sänden, Untiefen und Strömen ist auch das Revier der Tonnenleger, die ausfahren, um das Fahrwasser mit grünen, roten, schwarzen und gelben Tonnen oder anderen Seezeichen zu markieren, damit die Fischkutter und Fährschiffe, die Küstenfrachter und Segler den Weg zu den Häfen finden. Und zum Seezeichenwesen gehören auch die Leuchttürme, die zwischen Sonnenuntergang und -aufgang die Schiffe durch die Wirrnis der Watten und Seegewässer leiten.
Im Frühjahr treiben Schäfer ihre Herden bei Ebbe über das Watt zu einsamen Halligen, und Bauern verfrachten auf dem Festland ihr Vieh, um es den Sommer hindurch in „Pension" nach Langeneß, Hooge oder Gröde zu bringen. Deiche und Vorländer sind mit den weißen Tupfen weidender Schafe übersät. Sie halten den Grasteppich kurz und dicht und tragen so ihren Teil zum Küstenschutz bei. Aber sie spielen auch eine Rolle für die Vogelwelt. Nur auf kurzgeweideten Vorländern und Salzwiesen finden Wildgänse im Herbst und Frühjahr Nahrung, und können im Sommer Austernfischer, Säbelschnäbler, Rotschenkel und Seeschwalben brüten und Junge führen. Hier hat das Nationalpark-Amt die zukünftige Aufgabe, auf den staatlichen Vorländern Weidezeit und Weideflächen so einzuteilen, daß sowohl Schäfer mit ihren Herden als auch Seevögel und Salzflora gleichermaßen eine Daseinsgrundlage behalten.
Das Wattenmeer ist aber auch eine Landschaft erholungssuchender Großstädter, die in der Einsamkeit und Weite auf der Suche nach Natur und eigenem Ursprung sind – oder sich bei Ebbe inmitten einer Schar bunter Sommergäste von einem „Wattenführer" über markierte Wege von Insel zu Insel und von Hallig zu Hallig geleiten lassen, natürlich unter genauer Beachtung der Wetter- und Gezeitenverhältnisse. Denn mancher unvorsichtige Wanderer ist auf unheimlichen Wegen im Watt von der Flut überrascht worden und nie wieder zurückgekehrt.

Mondaufgang über dem Wattenmeer. Die Balken einer von Strandschnecken und Seepocken besetzten Buhne reihen sich zwischen Anfang und Ende hin. Die mondhelle Nacht ist voller Leben: Austernfischer, Brachvögel und Regenpfeifer sind unterwegs, um Nahrung zu suchen, und ihre Rufe klingen durch die Dämmerung.

IMPRESSUM

CIP-Kurztitelaufnahme der Deutschen Bibliothek
Quedens, Georg:
Wattenmeer – Landschaft im Licht / Text u. Fotos von Georg Quedens. – Hamburg: Ellert und Richter, 1986.
ISBN 3-922294-98-7

Text und Fotos: Georg Quedens, Norddorf
Lektorat: Eva-Maria Janke, Bonn
Gestaltung: Hartmut Brückner, Bremen
Satz: Peter Appelt Grafik-Design & Fotosatz, Hamburg
Lithografie: ABC Albert Bauer KG, Hamburg
Druck: ASCO-Druck, Bremen
Bindearbeiten: Buchbinderei Klemme, Bielefeld